AF359582

AIRS DE VIOLONS DE L'INCONNU,

PREMIER BALLET

DANSÉ PAR LE ROY,

Dans son Palais des Tuilleries,

Au mois de Fevrier 1720.

Ces Airs sont de la Composition de Mr. DE LALANDE,
Sur-Intendant de la Musique du Roy, & Maître de
Musique Ordinaire de la Chapelle & de la Chambre
de Sa Majesté.

Et les Entrées du Ballet, sont de la Composition
de Mr. BALON, Maître à Danser de Sa Majesté.

DE L'IMPRIMERIE
De JEAN-BAPTISTE-CHRISTOPHE BALLARD,
Seul Imprimeur du Roy pour la Musique,
A Paris, au Mont-Parnasse.

M. DCC XX.
Par exprès Commandement de Sa Majesté.

TABLE

PREMIERE ENTRE'E.

OUVERTURE,   en-G Re Sol, Tierce majeure. *P.* 3
Marche, pour les Ordōnateurs, en-D La Re, Tierce majeure. 6
Marche pour les Plaifirs & les Am. en-D La Re, Tierce mineure. 8
Premier Air pour LE ROY,   en-D La Re, Tierce majeure. 10
Premier Menuet,   en-D La Re, Tierce mineure. 12
Deuxiéme Menuet,   en-D La Re, Tierce majeure. 13
Deuxiéme Air, pour LE ROY,   en-D La Re, Tierce majeure. 14
Sarabande, pour LE ROY,   en-D La Re, Tierce majeure. 16

DEUXIE'ME ENTRE'.

Marche pour les Bergers & Bergeres, en-B Fa Si, Tierce majeure. 18
Premier Air,   en-G Re Sol, Tierce mineure. 20
Deuxiéme Air,   en-G Re Sol, Tierce mineure. 22
Mufette,   en-G Re Sol, Tierce majeure. 24
Paffepied,   en-G Re Sol, Tierce mineure. 26
Air de Payfan,   en-B Fa Si, Tierce majeure. 27

TROISIE'ME ENTRE'E.

Premiere Bourée, pour Monfieur LE DUC DE CHARTRES,
                                        en-C Sol Ut, Tierce majeure. 29
Deuxiéme Bourée,   en-C Sol Ut, Tierce majeure. 30
Loure,   en-C Sol Ut, Tierce mineure. 32
Paffepied,   en-C Sol Ut, Tierce majeure. 34
Sarabande,   en-C Sol Ut, Tierce mineure. 35

QUATRIE'ME ENTRE'E.

Marche,   en-G Re Sol, Tierce majeure. 37
Gigue,   en-G Re Sol, Tierce mineure. 38
Loure,   en-G Re Sol, Tierce mineure. 40
Menuet,   en-G Re Sol, Tierce mineure. 42
Paffepied,   en-G Re Sol, Tierce mineure. 43

TABLE.
CINQUIE'ME ENTRE'E.

Nopce de Village.

Marche,	en-D La Re, Tierce majeure.	44
Air de Payfan,	en-D La Re, Tierce mineure.	45
Pr. Menuet pour les Berg. & Berg.	en-D La Re, Tierce mineure.	46
IImᵉ· Menuet, pour les mêmes,	en-D La Re, Tierce majeure·	47
Courante,	en-D La Re, Tierce majeure.	48
Bourée,	en-D La Re, Tierce majeure.	49
Air, pour Nyais & une Nyaife,	en-D La Re, Tierce mineure·	50
Air pour un Vieux & une Vielle,	en-D La Re, Tierce mineure.	51
La Villageoife,	en-D La Re, Tierce majeure·	52

ENTRE'E GENERALE,

Danfée par LE ROY,

Monfieur LE DUC DE CHARTRES, & tous les Seigneurs de la fuite.

Marche,	en-D La Re, Tierce mineure·	59
Paffepied,	en-D La Re, Tierce majeure.	62
Air, & fa fuite,	en-G Re Sol, Tierce mineure·	64
Premier Rigaudon,	en-D La Re, Tierce mineure·	68
Deuxiéme Rigaudon,	en-D La Re, Tierce majeure·	69
Forlane,	en-D La Re, Tierce mineure·	70

FIN DE LA TABLE.

On peut faire relier le Livre des Intermedes chantans avec celuy-cy.

AIRS DE VIOLONS

DU

PREMIER BALLET

DU ROY.

PREMIERE ENTRE'E.

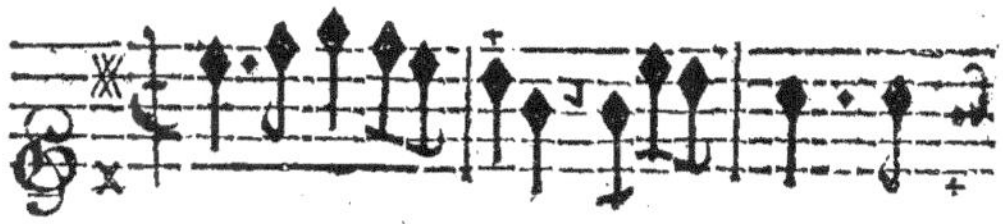

UVERTURE.

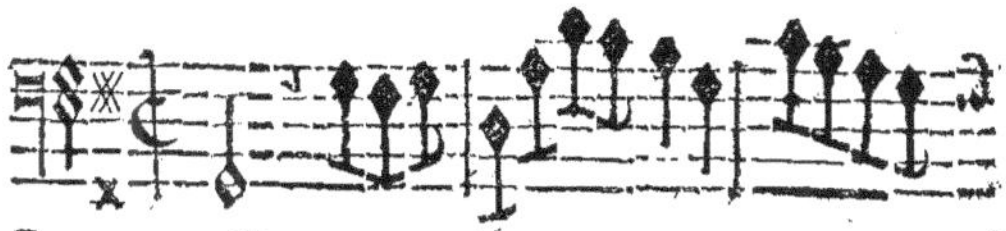

BASSE CONTINUE.

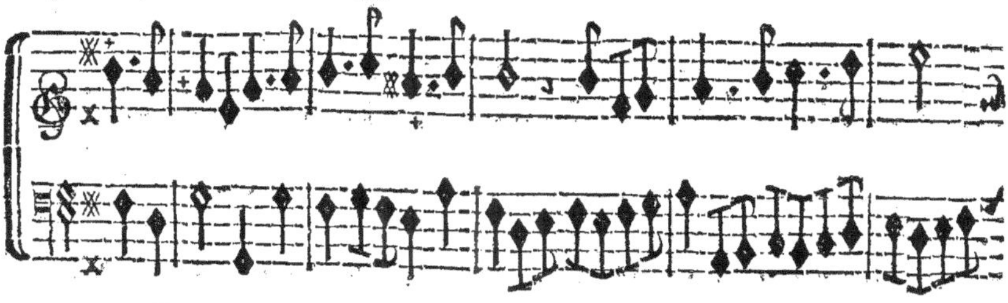

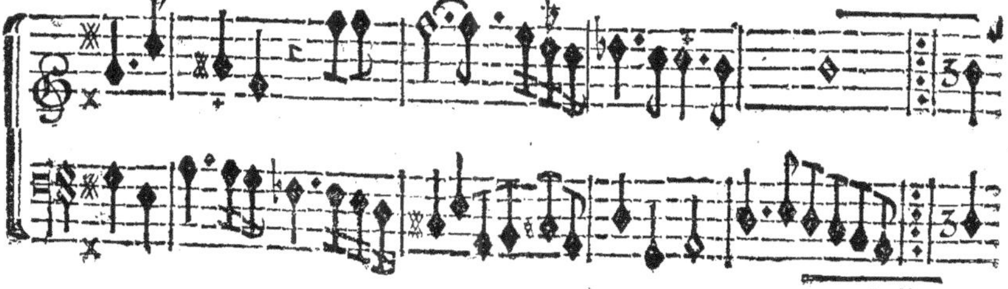

Le Divertissement de la premiere Entrée commence par l'Air
Si lietto, si contento, dans le Livre des *Airs à Chanter.* Pag. 5.

Marche pour les Ordonnateurs de la Fête , danſée par
le Marquis de Villeroy, & le Sieur Balon.

Marche pour les AMOURS, dansée par six jeunes Seigneurs.

RONDEAU.

Doucement & Gratieusement.

Au Rondeau.
Au Rondeau.

LE ROY danse feul cet Air, deux fois.

On chante , Regnez Amours, fans partage , &c.
Dans le Livre des Airs à chanter , *page* 11.

PREMIER MENUET.

DEUXIEME MENUET.

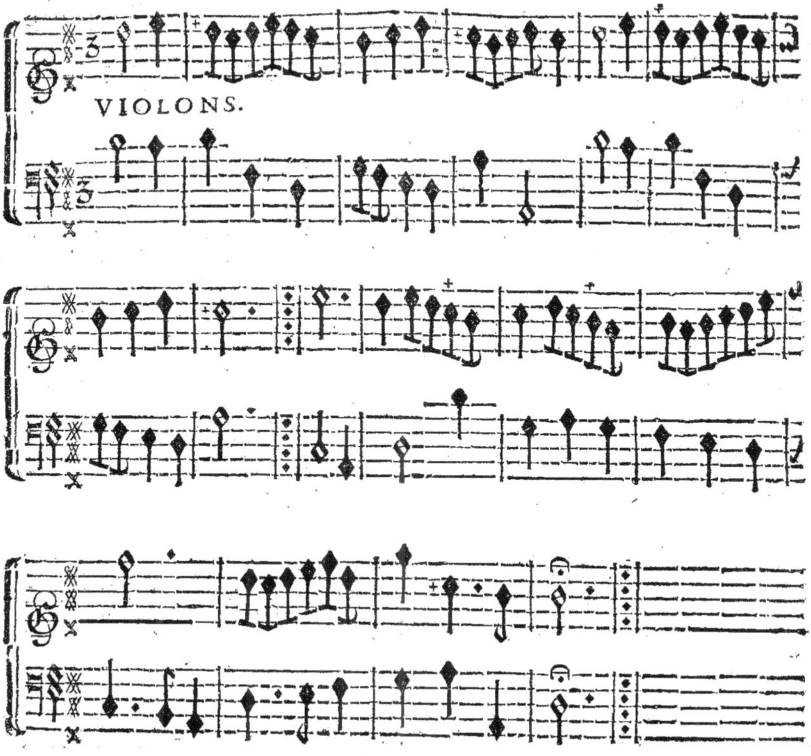

Air pour un pas de trois.   LE ROY & deux Seigneurs.

On reprend le premier Menuet cy-devant, *page* 12.

LE ROY danſe ſeul cette Sarabande.

On reprend les deux Menuets , *pages* 12. & 13.
pour finir cette Entrée.

FIN DE LA PREMIERE ENTRE'E,

DEUXIÉME ENTRÉE.

MARCHE

POUR LES BERGERS ET BERGERES.

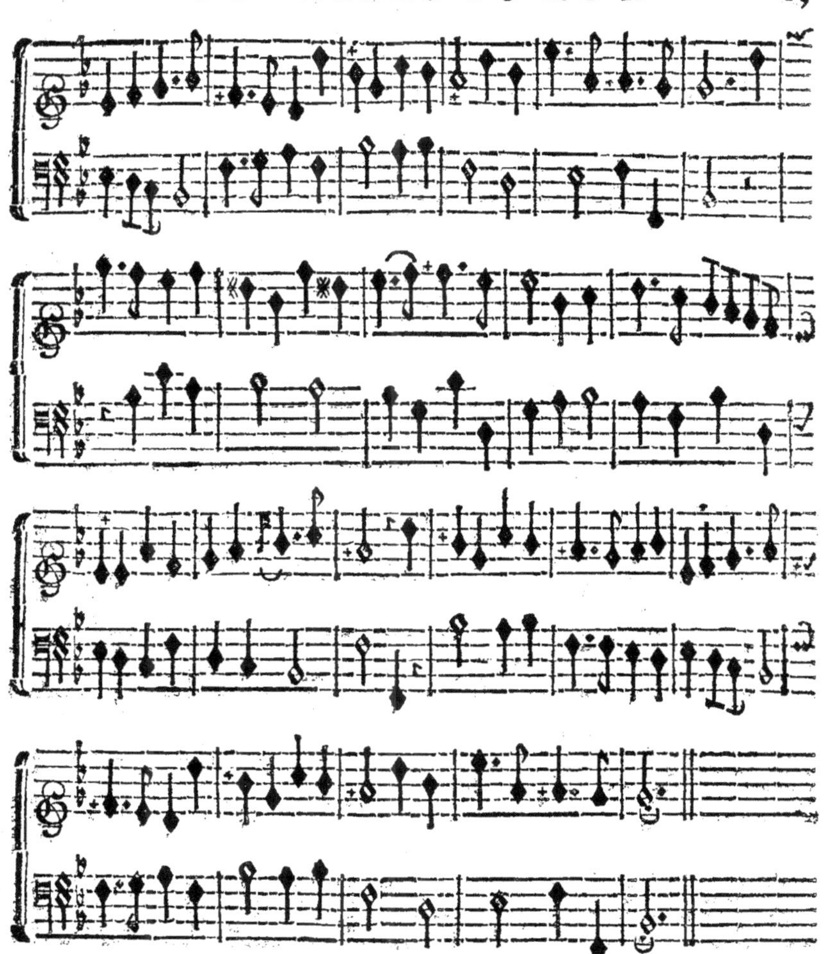

On chante l'Air à Boire , *Amour, répand tes douces flâmes,*
dans le Livre des Airs à chanter , *page 20.*

AIRS DE VIOLONS

Le Sr Marcel & Melle· Menés danfent cet Air.

AIR.

AIRS DE VIOLONS

M.elle. Provôt danfe feule cet Air.

A I R.

Melle. Provôt danſe ſeule cette Muſette & le Paſſepied, qui ſont
danſez enſuite par le S^r. Marcel & Melle. Menés.

MUSETTE.

Tournez pour le Passepied.

D.

AIRS DE VIOLONS

PASSEPIED.

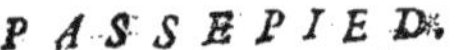

Le St. Dumoulin danfe feul cet Air ; enfuite les autres Danfeurs
le reprennent.

AIR DE PAYSAN.

On reprend pour entr'Acte, l'Air cy-deflus.
FIN DE LA DEUXIE'ME ENTRE'E.

TROISIÉME ENTRÉE.

TROISIE'ME ENTRE'E.

Monfieur LE DUC DE CHARTRES.

PREMIERE BOURE'E.

AIRS DE VIOLONS

DEUXIE'ME BOURE'E.

Les Bohemiens qui forment cette Entrée , reprennent
les Bourées cy-deſſus.

AIRS DE VIOLONS

Monfieur LE DUC DE CHARTRES danfe feul
la Loure fuivante , la premiere fois.
Enfuite le Marquis de Villeroy, & le Sr. Balon danfe cette Loure
une feconde fois.

LOURE.

On chante la Sarabande de l'*Inconnu*, dans le Livre des Airs
à chanter, *page 25.*

E

PASSEPIED.

On chante l'Air *Amants, si vous êtes constants*,
dans le Livre des Airs à chanter, *page* 16.

SARABANDE.

On chante l'Air, *l'Amour qui vole fur vos traces*, dans le Livre des Airs à chanter, *page* 30. On reprend la Sarabande cy-deſſus, & l'on joüe pour entr' Acte la premiere Bourée, *page* 29.

FIN DE LA TROISIE'ME ENTRE'E.

QUATRIÉME ENTRÉE.

Cette Entrée est entierement tirée du Carnaval & la Folie.

MARCHE.

AIRS DE VIOLONS

GIGUE.

Les Marquis de Langeron & de Bellegarde danſent enſemble
cet Air, que Melle. Guyot danſe ſeule.

AIR.

TOUS.
HAUTBOIS.
TOUS.
TOUS.
BASSONS.
TOUS.

Ce Menuet eſt danſé de la même maniere que l'Air
précédent.

MENUET.

On chante l'Air, *Regnez Amour*, dans le Livre des Airs
à chanter, *page* 44.

Tous les Danseurs.   *PASSEPIED.*

On jouë pour entr'-Acte le même Paffepied.

FIN DE LA QUATRIE'ME ENTRE'E.

F ij

CINQUIÉME ENTRÉE.

Nopce de Village.

MARCHE.

Air de Payſan & de Payſanne, danſé par le Sr. Dumoulin
& Melle. de la Feriere.

RONDEAU.

Premier Menuet , pour les Bergers & Bergeres.

Deuxiéme Menuet, pour les mêmes.

Courante pour un Gentilhomme & une Damoiselle de Campagne , dansée par le Sr. Blondy & Melle. Menés.

Bourée pour un Gentilhomme & une Dame de Campagne,
danſée par le S. Blondy & Melle. Menés.

G

Air, pour un Nyais & une Nyaife , danfé par le Sr. Marcel
& Melle. Dupré.

Air, pour un Vieux & une Vielle , danſé par le Sr. Dumoulin & Melle. de Laſtre.

La Villageoise , danſée par le Sr. Balon & Melle. Provôt.
Pas de deux. Cette Piece eſt de M. Rebel.

HAUTBOIS.
VIOLONS.

Gayment.
HAUTBOIS:
VIOLONS.
HAUTBOIS.

H

Le départ des Gens de la Nopce.

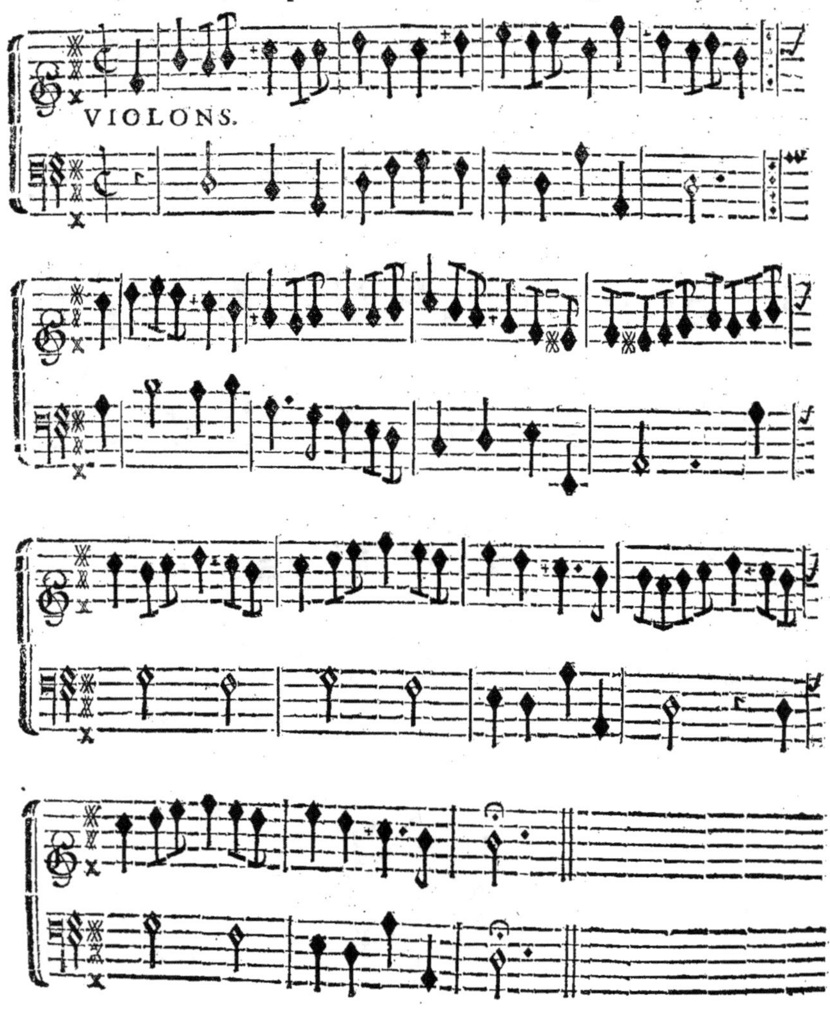

FIN DE LA CINQUIE'ME ENTRE'E.

ENTRÉE GENÉRALE,

Danſée par LE ROY,

Monſieur LE DUC DE CHARTRES, & tous les Seigneurs
de leur ſuite.

MARCHE POUR LE ROY.

H ij

AIRS DE VIOLONS

HAUTBOIS. TOUS. VIOLONS.
HAUTBOIS. TOUS. VIOLONS.

AIRS DE VIOLONS
PASSEPIED.

LE ROY le danſe ſeul une fois.
Enſuite les Marquis de Villars & de Renel le danſent auſſi.

LE ROY

Danse encore une fois la Marche cy-devant, *page* 59.

LE ROY danſe ſeul cet Air.
Monſieur LE DUC DE CHARTRES le danſe auſſi.

GHACONNE.

BOURE'E.

LOURE.

Le ROY danse seul les Rigaudons suivants.

PREMIER RIGAUDON, deux fois alternativement.

DEUXIE'ME RIGAUDON.

AIRS DE VIOLONS

LE ROY danse la Forlane,
Ensuite tous les Seigneurs qui ont déja dansé dans la premiere
& dans la troisiéme Entrée la dansent aussi
pour terminer ce Ballet.

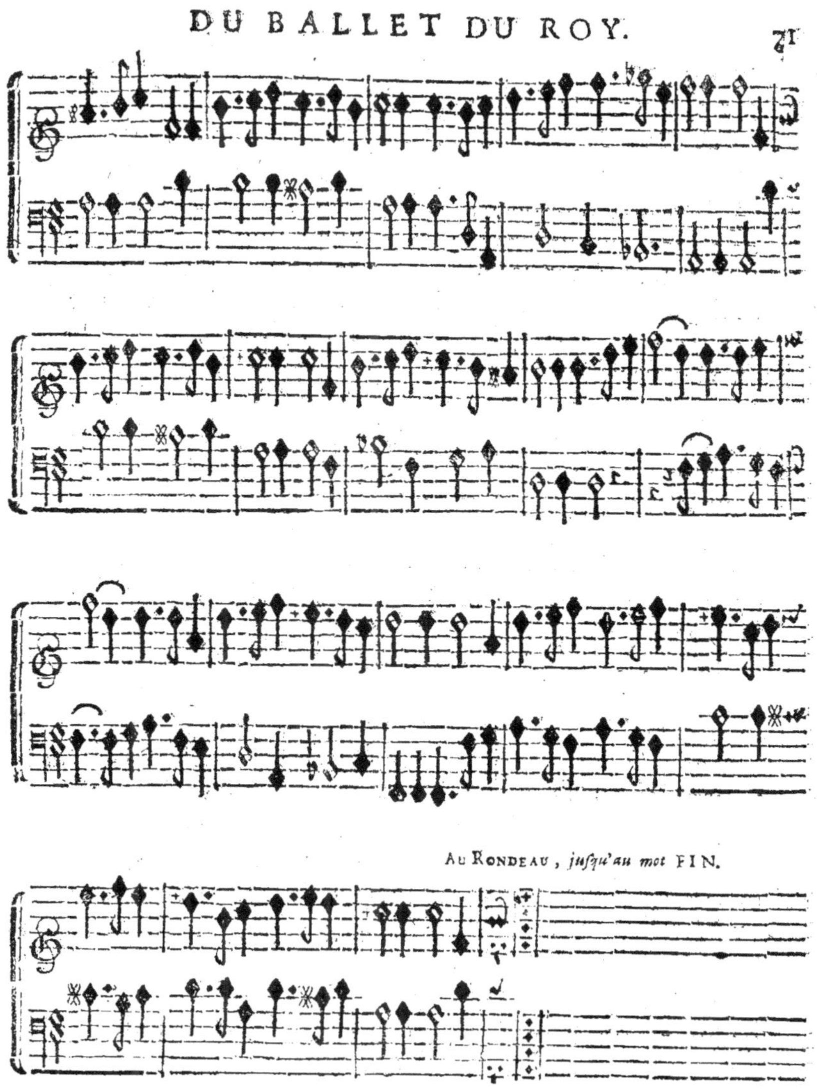

FIN DU BALLET.

ATTRIBUTION DE LA CHARGE
de seul Imprimeur du Roy pour la Musique.

PAR Lettres Patentes du Roy données à Fontaine-bleau le cinquiéme jour du mois d'Octobre, l'An de Grace mil six cent quatre-vingt-quinze, Signées, LOUIS: Et sur le replis, Par le Roy, PHELYPEAUX; Scellées du grand Sceau de cire jaune; Confirmées par Lettres de Surannation, données à Marly le vingt-huitiéme jour de May mil sept cent quinze, Signées comme dessus : Toutes lesdites Lettres; Verifiées & Regiftrées en Parlement le 7. Juin 1715. Il eft permis (à J-B-Chriftophe Ballard, feul Imprimeur du Roy pour la Mufique, & Noteur de la Chapelle de Sa Majefté) d'Imprimer, faire Imprimer, Vendre & Diftribuer toute forte de Mufique, tant Vocale, qu'Inftrumentale, de quelque Auteur ou Auteurs que ce foit, avec très-expreffés inhibitions & défenfes à tous Imprimeurs, Libraires, Tailleurs & Fondeurs de Caracteres, & autres Perfonnes generalement quelconques, de Tailler, Fondre, ni contrefaire les Notes, Caracteres, Lettres grifes & autres chofes inventées par ledit Ballard; n'y d'entreprendre ou faire entreprendre ladite Impreffion de Mufique, en aucun lieu de ce Royaume, Terres & Seigneuries de l'obeïffance de Sa Majefté, nonobftant toutes Lettres à ce contraires, fans le congé & permiffion dudit Ballard; A peine de confifcation des Livres ou Exemplaires, Notes, Caracteres & autres Inftruments fervant au fait de ladite Impreffion de Mufique, & de fix mille livres d'Amende; ainfi qu'il eft plus amplement declaré efdites Lettres: Sadite Majefté voulant qu'à l'Extrait d'icelles mis au commencement ou fin defdits Livres imprimez, foy foit ajoûtée comme à l'Original.